AF560973

# DÉTAILS CURIEUX

ET JUSQU'ALORS INCONNUS

SUR

# LA MORT DE M^gr^ L'ARCHEVÊQUE DE PARIS.

IMPRIMERIE D'ÉDOUARD BAUTRUCHE,
rue de la Harpe, 90.

# DETAILS CURIEUX

ET JUSQU'ALORS INCONNUS

SUR LA

# MORT DE M^GR^ L'ARCHEVÊQUE DE PARIS,



PAR

M. L'ABBÉ TAILLEFUMIÈRE,

CURÉ DE BAGNOLET, PRÈS PARIS,

Membre de la Société asiatique, auteur des Eléments de la grammaire grecque, dédiés à Monseigneur Affre.

---

**PRIX : 75 CENTIMES.**

---

PARIS.

A LA LIBRAIRIE NATIONALE, RUE VIVIENNE, 8.

ET CHEZ L'AUTEUR, A BAGNOLET.

1848.

# AVERTISSEMENT.

Les principaux renseignements que nous donnons en ce jour sont recueillis de la bouche même du garde national qui précéda l'illustre martyr sur les barricades, auquel nous avons fait faire la première communion dans l'église Saint-Leu, à Paris. Ce jeune homme religieux nous a conduit vers l'Arsenal, la Bastille, à la place où tomba le pontife, et à la maison où il fut déposé : les maîtres de ces habitations ont eu la complaisance de nous montrer le matelas et les draps empreints de sang sur lesquels il fut transporté et dont je coupai un lambeau; la sombre allée qu'il lui fallut suivre au milieu des ombres du soir. M. Jacquemet nous raconta, dans la salle attenante à celle du mourant, tous les détails de son départ vers le général Cavaignac, son voyage à la Bastille, cette triste et édifiante station chez le curé de Saint-Antoine. Nous avons vu tout le reste de nos propres yeux, et spécialement cette immortelle séance après ses funérailles, où, plus de trois heures, je me trouvai seul curé du diocèse avec M. l'abbé du Chesne, professeur de rhétorique au petit séminaire de Paris, et deux jeunes lévites, au milieu d'une foule immense, à faire toucher des souvenirs au corps du martyr. Qu'il soit permis à un prêtre qui le regrettera toujours dans son cœur de dire que ce prélat lui donnait des marques d'amitié, le faisait parfois manger à sa table et venait tous les ans, dans sa paroisse qu'il affectionnait, confirmer les enfants.

Quatre jours avant sa blessure, il nous pressait cordialement les mains et fixait l'époque à laquelle nous le verrions cette année.

---

# DÉTAILS CURIEUX

ET JUSQU'ALORS INCONNUS

SUR

# LA MORT DE MGR L'ARCHEVÊQUE

DE PARIS.

Denis-Auguste Affre naquit à Lavour, département de l'Aveyron, le 24 septembre 1793, d'une famille honorable. Il fut placé dès l'âge le plus tendre, au collége de Saint-Afrique, où il fit de brillantes études, et vint à 16 ans, suivre les cours de sciences ecclésiastiques au séminaire de Saint-Sulpice. Appelé pour ses vertus et ses talents à exercer, vers l'âge de 27 ans, les fonctions de grand-vicaire à Luçon et plus tard au diocèse d'Amiens, il fit partout étinceler son zèle pour l'édification de l'Église. Nommé chanoine-titulaire de Paris, il fut en 1839 élu coadjuteur à l'évêché de Strasbourg, ensuite, à la mort de M. de Quelen, chargé d'administrer le diocèse de Paris. Le nouveau pasteur fit partout descendre les bienfaits de son autorité, et dès son apparition se fit aimer de tout le diocèse. Aussi le gouvernement, frappé des améliorations importantes que M. Affre savait introduire dans ce grand diocèse exigeant une main prudente et ferme, laissa les noms illustres, et plaça sur le siége archiépiscopal la science et la modestie. Ce digne pontife, avec ses formes simples, était vénéré de la capitale et chéri des populations de la banlieue qu'il parcourait chaque année, mangeant avec les villageois et leur parlant comme un père à ses enfants. A la révolution de février, le mandement qu'il fit paraître fut un vrai chef-d'œuvre de sagesse et de lumière, pour tracer à son diocèse et à la France les routes à suivre à travers ce nouveau monde, offrant un horizon chargé d'orages. Sa plume savante montra comme la religion et la liberté, ces deux sœurs, filles de Jésus-Christ, en s'unissant sauveraient la patrie. Il dit à ses prêtres : « Attachez-vous à la République », et aux gouvernants : « Attachez-vous à la religion : » En sorte qu'en les réunissant dans une seule force par cette missive, il fit plus, sans doute, pour sauver la France, que par sa mort même. En effet, le clergé de Paris, applaudissant à son illustre prélat, se rallia sincèrement aux chefs et aux représentants de la France, et ces dignes représentants ont rendu à la religion des honneurs inconnus depuis un demi-siècle. Mais les révolutions sociales laissent toujours, avant de se calmer, de pénibles agitations. Les pasteurs et les fidèles sans cesse demandaient au ciel de renvoyer la paix à notre infortunée patrie.

Néanmoins, des rassemblements se formaient tous les soirs, et depuis plusieurs jours, une fermentation extraordinaire, de sombres rumeurs avaient jeté l'alarme dans toute la capitale. Monseigneur, comme s'il eût pressenti sa mort prochaine, s'empressait d'aller dans toutes les paroisses de son diocèse confirmer les jeunes enfants. Le vendredi, il faisait à Saint-Etienne-du-Mont descendre le saint Esprit sur les premiers communiants de cette paroisse, quand des cris sinistres, une sanglante révolution éclate aux alentours. Le ciel et la terre semblent se réunir pour effrayer la capitale et annoncer au loin les scènes les plus terribles et les plus déchirantes que l'on vit jamais. Déjà la fusillade se faisait entendre, lorsqu'un éclair sillone les nues : soudain le tonnerre roule en éclats sur la capitale, et de la cité le canon répond par ses coups rebondissants ; ces deux foudres tantôt grondent tour-à-tour, tantôt vont se joindre en mugissant dans les airs.

Bientôt l'émeute se répand sur tout le quartier Sainte-Geneviève ; et Monseigneur se trouva cerné sans pouvoir regagner sa demeure que le samedi soir. Un voile de tristesse couvrait au loin la capitale ; le sang coulait dans toutes les rues ; plus de 500,000 coups tirés chaque jour sans discontinuation depuis le matin jusqu'à onze heures du soir, avaient semé de tous côtés la mort et la désolation dans la grande ville ; partout la fumée, s'élevant par tourbillons, formait de sombres nuages comme pour empêcher le soleil d'éclairer ces effroyables scènes. Nous espérions que la nuit mettrait fin à tant de malheurs; mais à trois heures, le signal d'alarme est donné; effroyable réveil! de nouveau la fusillade, le canon se font entendre; de tous côtés les sons lugubres du tocsin viennent épouvanter nos oreilles. Ce jour le digne pontife à la tête de son clergé devait célébrer la grande fête avec des pompes nouvelles. On espérait revoir les belles processions de la Fête-Dieu, et toute la population dans l'allégresse pousser des cris de triomphe comme aux beaux jours de l'église. Et, cruelle perspective! les places de Paris, au lieu d'être semées de fleurs, allaient encore être jonchées de cadavres; ses rues, devant s'embellir de reposoirs élevés au maître du ciel, seraient entrecoupées de barricades où vont s'entr'égorger des frères. Le cœur si paternel du prélat fut navré de douleur : quelle âme sensible n'eût pas été déchirée! On nous disait que tel corps de troupes était presque détruit, que le sang ruisselait partout. L'effervescence était telle que, pendant la grand messe, célébrée dans ma paroisse, le canon et les feux de peloton semblables aux décharges d'artillerie, retentissaient dans toute l'église. La population entière de Paris et de la banlieue était debout; on s'abordait le visage morne, exténué de tristesse. Et quels entretiens ! Les maisons de Paris, se disait-on, sont criblées de balles ; des pans de murs entiers sont emportés par les boulets; tel général est tué sur la barricade. Le général Bréa est traîtreusement égorgé ; les insurgés l'ont juré : vainqueurs, le pillage; vaincus, l'incendie : on va bombarder le faubourg Saint-Antoine : et au milieu de ces colloques déchirants, la fusillade éternelle entremêlée de ces effroyables coups de canon faisant à chaque instant tressaillir.

Le cœur de notre cher prélat était déchiré de ces scènes désastreuses, inouïes, et conjurait Dieu d'y mettre un terme ; il prit la résolution de tenter les derniers efforts pour arriver jusqu'aux insurgés. Peut-être, disait-il à ses archidiacres, qu'après avoir repoussé toutes les autres tentatives, ils ne résisteront pas à la voix de la religion, à la voix de la croix que le peuple de la capitale, aux dernières luttes, avait portée en triomphe. N'était-ce pas cette même population qui l'était venu chercher pour bénir l'arbre de la liberté de sa main pontificale, et qui l'avait reconduit au milieu de mille bénédictions ? Il ne se faisait pas d'ailleurs illusion sur le danger : le fond du caractère de M. Affre n'était ni l'imagination, ni l'enthousiasme : caractère froid, au contraire, profond penseur, agissant dans toute sa conduite avec poids et régularité, il mesura l'étendue du péril; prévit qu'il pouvait tomber percé de balles sur les barricades, être retenu captif parmi les insurgés; et après avoir calculé paisiblement ces diverses chances : « Ma vie est bien peu de chose, dit-il, j'en ai fait le sacrifice »; c'est donc sa tendre affection pour son troupeau, son amour pour la France et son héroïque dévouement, puisé dans l'Évangile, qui lui ont fait sacrifier non pas des richesses, non pas des jouissances terrestres, mais sa propre vie.

Dès lors sa plus grande préoccupation était de traverser l'armée des défenseurs de l'ordre, et d'arriver, en franchissant les barricades, jusqu'aux insurgés, et sa résolution fut bien prise.

Et vous, dignes archidiacres, ses fidèles amis, vous, qui voyiez l'archevêque sur le point d'exposer une vie si chère à tous! dites-nous, votre zèle même pour la conservation du troupeau ne vous engageait-il pas à détourner l'illustre prélat de sa magnanime entreprise ? Ne lui représentâtes-vous pas ses enfants devenus orphelins, lorsqu'un père, un sage conducteur leur était si nécessaire? Ah! vous aviez compris la grande pensée de l'archevêque, et, fidèles imitateurs de la mère de Dieu, qui autrefois eut le courage d'accompagner sur la route du sacrifice son divin fils, vous aussi vous réclamez le bonheur d'exposer avec lui vos jours pour sauver la patrie.

Il prend donc avec lui ses grands-vicaires, les seuls que l'émeute ne tînt pas forcément séparés de lui, se rend à pied auprès du général Cavaignac, le dimanche vers les quatre heures du soir ; son passage à travers les rues et les quais de la grande ville, devenue méconnaissable et métamorphosée en camp militaire, fut marqué par mille bénédictions et mille scènes attendrissantes. Cette population, devinant sa pensée, comprenait avec cet instinct admirable qui la caractérise, qu'avec lui passait un gage de paix, un signe d'espérance; les mères osent franchir le seuil de leurs demeures pour se jeter à ses pieds avec leurs enfants. Sans avertissement préalable, les tambours battent aux champs; officiers et soldats rendent les honneurs militaires, et de tous les rangs partent ces cris : Vive la Religion! vive la République! vive l'archevêque de Paris!

Arrivé à l'hôtel de la Présidence, Monseigneur expose au général Cavaignac l'objet de sa mission. « M. l'archevêque, répond-il, je suis flatté de la démarche que vous faites en ce moment; mais considérez les dangers que vous rencontrerez sur votre route pour arriver aux insurgés » ; et sur les instances du prélat, le général ne se borne pas à donner son assentiment aux désirs de l'archevêque, il bénit sa pensée , exprime avec attendrissement l'espérance que cette belle et religieuse démarche sera couronnée de succès. De retour chez lui, il fait son testament, prend à peine, quoiqu'excédé de fatigue, quelques instants de repos et une légère collation : c'était le repas des martyrs avant d'aller à la mort ; c'était la dernière fois que ses amis mangeaient à sa table. Il se lève, et comme Jésus après la cène va gravir les marches ensanglantées du calvaire pour sauver le monde, le prélat va gravir les barricades pour sauver son troupeau. Il franchit le seuil de sa demeure. Il ne devait y rentrer que sur un brancard ensanglanté !.... Dans toutes les rues qu'il avait à traverser, les marques de vénération et d'amour s'augmentaient de tout ce que venait y ajouter l'horreur de la situation. Le péril encore si menaçant, le bruit de la fusillade et du canon tonnant aux oreilles ; de jeunes officiers, des gardes mobiles, ces héroïques enfants revenant du combat tout noirs de poudre, pressaient les mains de l'archevêque; plusieurs rappelant que c'est lui qui les avait confirmés, le conjuraient de ne pas avancer davantage. Cependant il répétait : « Ma vie est peu de chose, j'en ai fait le sacrifice; et qu'ai-je à craindre? si je réussis, je sauverai la France; si je meurs, « celui qui vit et croit en moi, a dit Jésus, ne mourra jamais : » mon âme au sortir du corps s'envolera triomphante vers les immortelles régions des prédestinés. D'autres lui disaient : « Bénissez nos fusils, Monseigneur, et nous serons invincibles. » Les femmes elles-mêmes, après l'avoir supplié de retourner, voyant sa résolution inflexible : « Eh bien, Monseigneur, lui disaient-elles avec une naïve simplicité, voici du linge et de la charpie; vous verrez nos enfants, nos époux blessés, mourants peut-être; chargez-vous de leur remettre cela. »

« Sans doute, leur répondait-il, je vais voir en passant dans les ambulances nos pauvres blessés ; mais je me hâte d'arriver aux barricades pour essayer de faire cesser le feu et empêcher de nouvelles victimes. » Arrivé à la place de l'Arsenal, les traits du pontife rayonnèrent d'une beauté inaccoutumée ; son front parut couronné d'une auréole de gloire. Il s'adresse au colonel, remplaçant le général Négrier, qui venait d'être tué devant la barricade, lui fait connaître l'assentiment donné par le général Cavaignac, et lui demande en grâce de suspendre un moment le feu de son artillerie et de la fusillade.

Le colonel fit d'abord quelques difficultés : « Voyez, Monseigneur, comme le combat est enflammé de toutes parts ! — Je m'avancerai seul avec mes prêtres, dit le pontife, vers ce peuple qu'on a trompé ; j'espère qu'il reconnaîtra ma soutane violette et la croix que je porte sur la poitrine. » Cette prière fut accueillie; et malgré la gravité de la situation, un roulement de tambours se fait entendre, l'ordre est donné de suspendre le feu. Cependant il entre dans une ambulance sur la place, adresse des paroles de consolation aux pauvres blessés, donne l'absolution aux mourants, et la plupart le conjurent de ne pas aller plus loin. « Mes amis, je sais qu'il vaudrait mieux rester ici vous soulager, si ma mort doit être inutile; mais tant que je conserverai quelque espérance d'arrêter ces malheurs, je ne dois pas balancer à sacrifier ma vie. » Sorti de l'ambulance, il demande un jeune homme pour porter devant lui le signe de la paix : un garde national, nommé Théodore Albert, dépose son uniforme, revêt la blouse d'un garde républicain, va cueillir dans le jardin de l'arsenal une branche que l'on attache avec les bretelles d'un fusil. L'archevêque se met en marche à la suite de l'étendard, le long de la rue de l'Orme, entre deux rangs de soldats. A cette vue, plusieurs gardes nationaux s'avancent : « Vous n'irez pas seul, Monseigneur; nous vous accompagnerons; nous sommes prêts à sacrifier notre vie avec vous. » « Non, messieurs, il faut que je sois seul avec mes vicaires; vous feriez échouer ma démarche ». Enfin, il arrive à la hauteur de la rue Saint-Antoine, en face de la place de la Bastille. Voici quel était dans ce moment l'ordre de bataille des deux armées. Au bout de la rue Saint-Antoine, s'étendait en face de la place une immense barricade enlevée aux insurgés et servant de rempart à la troupe contre les traits des agresseurs. Les édifices à droite et à gauche en-deçà du canal étaient occupés par l'armée, la garde mobile, et les gardes nationaux. Les guerriers, montés au premier étage des maisons bordant les boulevards de la Bastille et Beaumarchais, formaient autour de cette vaste place un demi-cercle dont les ailes étaient défendues par les maisons, et le centre par l'énorme barricade. Les insurgés, repoussés la veille au delà de la place, occupaient ces groupes de maisons, situées à gauche du canal jusqu'à la rue de la Roquette, et toutes les maisons avoisinant la place jusqu'à la rue du Faubourg-Saint-Antoine. L'entrée de cette rue était défendue par une formidable barricade élevée presque à pic et crénelée comme une citadelle. Plus de soixante autres barricades entrecoupaient cette rue de distance en distance, jusqu'à la barrière du Trône : c'etait comme une grande cité, une vraie place forte au pouvoir des insurgés. Refoulés sur différents points, là sans doute étaient leurs principaux chefs, leurs munitions, et leur point central de bataille. En vain les troupes étaient revenues plusieurs fois à la charge, essayant avec les foudres de l'artillerie et l'héroïsme français de pénétrer dans le faubourg : les boulets, heurtant violemment ces monceaux de pavés inébranlables, allaient en ricochant crevasser les habitations prêtes à s'écrouler ; et les canons avec toute la vaillance guerrière sont impuissants contre la savante et inexpugnable barricade. C'était dont en cet impénétrable faubourg que l'archevêque au péril de ses jours voulait s'ouvrir un passage pour ramener à la paix ses brebis égarées.

Les insurgés, à l'exemple des troupes, cessent le feu. Monseigneur arrive précédé du rameau de la paix sur la place de le

Bastille. Ce plateau immense offrait une morne solitude : le prélat s'y trouvait seul avec son petit cortége. Quelle grande scène ! L'archevêque de Paris seul sur cette vaste place, entouré de deux grandes armées prêtes à s'entr'égorger, attendant un mot de ses lèvres pour mettre bas les armes et fraterniser au pied de la croix ! L'empressement des combattants à venir applaudir l'héroïque démarche du prélat en fit manquer l'heureux succès. Les gardes nationaux sortis des rangs s'approchent en foule de l'archevêque ; les insurgés descendus de leurs barricades volent au-devant de leur pasteur ; ils se rencontrent au milieu de la place vers la colonne des braves ; hélas ! il était trop tôt ! Les insurgés étaient encore dans l'ivresse de la poudre et du fanatisme. Les douces paroles du prélat, devant comme un baume précieux calmer l'irritation de leurs cœurs , n'étaient pas encore tombées de ses lèvres ; en un clin-d'œil des collisions éclatent : le prélat et ses grands-vicaires leur pressent cordialement les mains pour les appaiser. Un insurgé reconnaissant un garde mobile veut l'immoler ; M. Jacquemet le prend dans ses bras et l'arrache à la mort. Pendant ce temps les grands-vicaires, enveloppés dans la foule, perdent de vue le pontife s'avançant toujours vers la barricade où il rencontre MM. Larabit et Ricart : relâchés par les insurgés après deux cruelles journées de tribulations, ils suppliaient l'archevêque de ne pas aventurer des jours si précieux à la France. Ne pouvant le dissuader, ils le suivirent généreusement jusqu'au moment où ils furent dispersés par le croisement des balles. Accompagné de ces messieurs, le prélat tourne la barricade, entre par la porte du marchand de vin donnant sur la place, sort par une porte s'ouvrant sur le faubourg derrière la barricade, suivi de son fidèle serviteur et précédé du jeune homme portant la branche pacifique. Un heureux succès paraissait vraisemblable. Enfin il met les pieds dans ce faubourg inaccessible ; déjà les insurgés tournaient vers lui des regards bienveillants, il allait sécher les larmes de la France ; mais la justice divine, irritée de notre irreligion, demandait encore de douloureux sacrifices; le pontife avait offert son sang pour la France, et Dieu l'accepta. Comme il paraissait derrière la barricade à la vue des insurgés, un coup de feu part sur la place; les cris de trahison! Aux armes! A nos barricades! retentissent. La fusillade recommence plus nourrie; les gardes nationaux courent à leurs rangs, les insurgés à leur forteresse devant laquelle tombèrent plusieurs des leurs avant d'avoir pu la gravir. Cependant l'archevêque s'avançait sur le trottoir au milieu des insurgés et d'une grêle de balles tenant son chapeau de la main gauche et s'appuyant de la droite aux maisons à cause des dalles çà et là arrachées. Il s'efforçait d'appaiser du geste et de la voix la multitude qui semblait vouloir l'entendre : « Mes amis, mes amis, leur disait-il, avec son accent paternel, je vous en conjure, cessez ces luttes entre frères. »

Entre les deux barricades restait une place encore pavée vers laquelle il se dirige pour leur faire entendre des paroles conciliatrices, quand une balle l'atteignit dans les reins à vingt pas de la première barricade et à 150 mètres des traits de la troupe qui, des étages supérieurs des maisons Beaumarchais, dominait la place où se trouvait l'archevêque. « Je suis blessé, mon ami, dit-il au jeune homme qui portait le symbole de la paix. » Il tombe, la tête vers la porte ouverte de la maison n° 4 dont les habitants avaient pris la fuite.

Infortuné diocèse de Paris ! Que de larmes vont couler à cette triste nouvelle ! Venez voir votre pontife renversé sur les pavés teints de son sang ! Les insurgés, terrifiés eux-mêmes les premiers, jettent des cris de détresse : « L'archevêque est blessé ! l'archevêque est tué ! » Ils s'empressent d'accourir, l'entourent de marques de vénération et d'amour. « Quel malheur ! Il est blessé notre bon père, notre bon pasteur qui venait pour nous sauver ! »

Place de la Bastille, célèbre autrefois par tes bastions ! Une célébrité plus belle va se joindre à ton nom pour jamais. Là les despotes mirent leur gloire à immoler la France dans les fers ; ici l'archevêque met son bonheur à s'immoler pour la France libre. Là frémit la terreur, ici brille l'amour. Et toi, illustre mont des martyrs, courbe ton front désormais. Jadis, sur tes collines, le saint évêque Denis, persécuté des magistrats, fut traîné par les magistrats à la mort pour Jésus-Christ ; en ce jour un nouveau Denis, chéri des grands, vole malgré les grands à la mort pour ses brebis ! Faubourg, à jamais mémorable, témoin de la plus grande scène qui soit dans les annales de l'histoire après celle du Christ ; ah, je ne redirai point sur toi les paroles de David pleurant Jonathas : montagnes de Gelboé où tombèrent Saül et Jonathas, que jamais la rosée du ciel n'arrose tes coteaux ! Mais heureuse région où tomba l'archevêque, que ce sang de bénédictions arrose à jamais tes vallons ! Désormais chéri du pontife et béni des cieux, ta gloire avec celle de l'archevêque croîtra d'âge en âge. Un jour, le long de tes habitations on écrira : grande rue de l'archevêque martyr ! tes enfants élèveront un monument impérissable à sa mémoire ; on y viendra des régions lointaines, et en le montrant au religieux voyageur, on dira : ici tomba le saint archevêque répétant d'une voix plaintive : « Le bon pasteur donne sa vie pour ses brebis. »

A la chute du prélat, le jeune homme jette la palme, s'empresse ainsi que les insurgés de relever le pontife ; ils l'emportent dans leurs bras le long des habitations fermées à travers une grêle de balles toujours croissante à mesure qu'ils s'éloignaient de la barricade. Pendant ce trajet, le fidèle serviteur du prélat reçoit une blessure, et le garde national, une balle dans sa blouse. Enfin au n° 26 on rencontre une porte ouverte, sans habitants ; on le dépose dans un fauteuil, tandis que la femme d'un insurgé, faisant les honneurs de la maison, monte au premier étage, et descend le lit d'une jeune enfant de 12 ans. Après avoir placé l'archevêque sur cette couche de douleur, les guerriers croisent leurs fusils pour en faire un brancard ; on le fait passer dans une petite salle à manger, puis dans une cuisine ; ensuite tournant brusquement à gauche on entre dans une petite cour où se trouve un puits ; enfin reprenant à droite, comme on voulait pénétrer dans une allée d'un mètre de largeur, tortueuse et sombre, les fusils heurtent de part et d'autre et secouent douloureusement le pauvre martyr. Il fallut dans cet étroit passage défaire le brancard de fusils et prendre l'archevêque par les pieds et par les côtés du matelas, en le froissant contre les sinuosités et les angles de ce rustique passage.

Terre de la Grande-Bretagne, en ce jour tes populations dans l'allégresse préparaient une solennelle et magnifique réception à l'illustre archevêque de Paris ; terre des saints, autrefois si florissante par la piété de tes enfants, tu venais de te réveiller de ton long assoupissement : enfant prodigue, depuis longtemps errante par des régions lointaines, séparée de la vérité, tu périssais de misère, lorsque, tournant tes regards vers l'Eglise catholique, ce berceau de ton enfance chrétienne, tu te rappelas ses joies, ses trésors et sa gloire. Et voilà que le pieux évêque de Londres a convoqué les pontifes de l'univers pour bénir au sein de ta capitale une magnifique église et relever les pierres de ton sanctuaire depuis tant de siècles dispersées. Pasteur d'une autre terre non moins chérie de Jésus-Christ, mais plus fidèle à son Evangile, que faites-vous maintenant en ce triste asile? Déjà vous devriez franchir les mers; en ce moment même les enfants d'Albion tournent les regards sur les flots, et accourent vous accueillir en triomphe au rivage. Les évêques de plusieurs nations dirigent leurs pas vers Londres, et tous répètent: « L'archevêque de Paris, le prélat de la première capitale du monde, va présider à nos fêtes! » Pourquoi faut-il vous voir ainsi traîner mourant à la lueur des flambeaux? Ah! les nuages de la tempête se sont amoncelés sur le bercail, vous n'avez pas voulu délaisser vos brebis, et bientôt vous allez fermer vos yeux à la lumière! entendez-vous la voix de tous les prélats qui vous appellent? Votre réponse sera donc un adieu pour jamais! O Eglise de Paris, si l'on demandait à la capitale où est maintenant son archevêque, elle répondrait : Sans doute, il est sous les brillantes voûtes de la métropole de Londres? Non, mais on le transporte à travers une ruelle sombre, à demi sauvage. Il est dans l'illustre assemblée des pontifes, à la solemnité de Saint-Georges ? Non, venez le voir, pâle et mourant, seul au milieu d'ouvriers en blouses, le visage et les mains noircis de poudre. Vous le croyez sur un siége d'honneur au milieu des prélats ; en ce moment on dresse au pontife un trône plus illustre aux yeux de l'univers ; il repose sur un brancard de fusils ensanglantés. Et pourquoi, répond la voix de la grande cité, dérobez-vous aux regards, dans l'ombre, cet illustre martyr ? Montrez-le à la capitale, et vous verrez les cœurs attendris déposer les armes ; montrez-le à l'incrédule, à l'auteur de ces doctrines anti-sociales, qui prêche le mépris de Dieu et de toutes les vertus : voyez autour du pontife expirant les flots de sang ruisseler dans Paris, la France éplorée, et l'archevêque redire en demandant grâce : « Mon Père, pardonnez-leur, car ils ne savent ce qu'ils font. » Montrez-le aux classes élevées, vous leur apprendrez à tendre une main secourable à ces populations trop longtemps délaissées ; montrez-le à la bourgeoisie, aux pères et mères, aux maîtres et maîtresses qui élèvent l'enfance, et vous leur apprendrez la principale source de nos maux. Ces hommes égarés contre lesquels vous échappent des plaintes si amères : les reconnaissez-vous ? ce sont vos élèves ; au sortir de leur première communion, ils furent remis entre vos mains vers l'âge de 13, 14 à 15 ans, époque de la vie où l'on perd la candeur de l'enfance sans avoir la réflexion de la jeunesse, à ce printemps des âges où les jeunes âmes comme une terre vierge, embrasées aux ardeurs des premiers beaux jours de la vie, voient germer une moisson de vices, si l'on n'a semé les vertus ; à cette époque où leurs yeux s'ouvrent aux riantes et séductrices années de la jeunesse étalant une perspective enchanteresse de plaisirs, de fêtes et de brillants fantômes qu'embellit à l'infini leur imagination éblouie ; époque désastreuse pour tant d'enfants où la vertu exige de grands labeurs et le vice croît tout seul ; où le caractère et les inclinations se forment heureuses ou perverses, époque décisive pour la vie, dont on portera les vertus ou les vices à travers les autres âges; époque enfin qui a si besoin d'une sainte vigilance, de religieux enseignements, et de la céleste boussole de la religion pour éclairer ses chancelantes démarches sur les mers orageuses de l'adolescence! Et à cette époque, ils furent les jours du dimanche jusque vers deux heures enchaînés dans vos maisons de commerce, dans vos ateliers, dans vos champs, dans vos apprentissages chez leurs pères et mères, sans pouvoir désormais entendre les enseignements sacrés : et comble de malheur! on ne s'est pas borné à leur refuser l'éducation religieuse; ils n'entendirent plus dès lors que des récits irréligieux, des sarcasmes contre les choses saintes, des lectures licencieuses et dégoûtantes, des chants profanes et obscènes, enfin des enseignements d'incrédulité et de libertinage. Est-il étonnant, maintenant, que l'on voie ces malheurs? Vous avez trahi J.-C. qui aimait ces enfants et les avait remis entre vos mains infidèles. Il avait racheté ces jeunes âmes aussi bien que les vôtres; vous avez méprisé Dieu, et Dieu permet qu'ils vous méprisent; toutefois, ces âmes françaises n'étaient pas inaccessibles aux bons sentiments; voyez-les dans cette ruelle autour de l'archevêque ! Il n'est point de bons offices qu'ils ne lui rendent; ils le soignent avec tendresse, le regrettent comme un père; en leur faisant chérir la religion, ils vous auraient chéri vous-mêmes. Ecoute donc, ô ma patrie, cette parole solennelle! écoutez-la, pères et mères, maîtres et maîtresses, voulez-vous sauver la France, sauver vos familles? laissez libres ces enfants au jour du dimanche; envoyez-les entendre à nos solemnités la parole évangélique; autrement vous répondrez au tribunal de la société, au tribunal de Dieu, de la perte de la France et de vos familles. Vous verrez se lever un jour, où le sabre ne suffira plus pour gouverner la patrie : à force d'élever la jeunesse à l'école de l'irreligion et des vices et des sauvages doctrines, vous aurez peuplé la France de jeunes lionceaux dont vous ne serez plus les maîtres, qui vous dévoreront les entrailles et plongeront dans la barbarie cette nation si florissante pour laquelle l'archevêque vient de prodiguer son sang et sa vie.

Sorti de ce passage étroit où l'on avait peine à le transporter, il est conduit à la lueur des flambeaux à l'hospice des Quinze-Vingts, et de toutes parts on entend les cris : « L'archevêque, l'archevêque est blessé ! » Les portes s'entr'ouvrent avec empressement pour le recueillir ; et le digne prélat, après avoir fait le sacrifice de sa vie au milieu des classes les plus pauvres, va le consommer dans l'asile des pauvres comme le dernier de ses enfants. Ses prédécesseurs avaient fondé ces pieux établissements, et lui fait plus : il venait y finir ses jours au milieu de ceux qu'il avait voulu sauver, lorsque le curé de St-Antoine vient réclamer son suprême pasteur, et s'écrie : « C'est chez moi que l'archevêque doit venir. » On le dépose donc au presbytère sur un matelas, et à ses côtés on place son fidèle domestique blessé. Bientôt le clergé de Saint-Antoine et les prêtres des environs, avertis par la rumeur publique et profondément attristés, accourent auprès de leur pasteur. M. Jacquemet, séparé de l'archevêque, après s'être abrité quelque temps le long des grilles de la colonne de Juillet, traverse la place de la Bastille au milieu d'une grêle de traits; deux balles percent son chapeau qu'il tenait à la main, et il arrive à son tour auprès du prélat expirant pour lui prodiguer de tendres soins. M. Ravinet, son autre grand-vicaire, erra toute la nuit et ne put le rejoindre que le matin avec le docteur Cayol. M Delage, son secrétaire intime, mandé selon les désirs du prélat, parvint à rejoindre cette nuit même celui pour lequel il avait une affection si tendre, et qui lui découvrait comme à un ami les secrets de son cœur.

Après une séparation si cruelle, quelle triste réunion pour des cœurs amis! L'archevêque sur son lit de douleur répète d'une voix mourante : « Seigneur, Seigneur, pardonnez à votre peuple. » Autour de lui, deux pasteurs des paroisses voisines, ses archidiacres si dévoués, le garde national, et quelques femmes dans une pièce attenante, tous en larmes; son fidèle domestique, tout blessé qu'il est, se traîne de son lit vers la couche du pontife pour lui baiser la main une dernière fois. Un médecin appelé, reconnaît, en sondant la plaie, qu'elle est mortelle: dès lors toute espérance de le sauver s'évanouit, et dans l'anxiété chacun attend son dernier soupir. Il était nécessaire qu'il fût instruit de la vérité. Ah! ne craignez pas de la faire connaître au prélat martyr : la soudaine apparition de la mort peut sembler à l'impie un coup de foudre; ses flatteurs s'empresseront de le bercer dans la trompeuse illusion de couler encore de longs jours sur la terre. Ici, charmante et céleste scène! Aussitôt qu'il se vit seul avec son grand-vicaire, l'archevêque, aussi paisiblement qu'il traitait le départ de ses prêtres pour évangéliser d'autres paroisses, traite son départ si prématuré pour l'autre monde : « Vous avez un devoir d'ami à remplir envers moi, dit-il à son archidiacre; ma blessure est-elle grave? — Oui, monseigneur, très-grave. — Il est plus probable que j'en mourrai, n'est-ce pas? — Oui, monseigneur, humainement plus probable; mais nous prierons tant Dieu pour vous. » Et le prélat, sans rien perdre de son calme, lève les yeux au ciel et se recueille en Dieu : ce calme était bien naturel chez une âme que la religion éclaire. Depuis longtemps le saint prélat était en relation avec l'autre monde : dès son jeune âge Jésus lui avait donné les cléfs de ces paisibles régions : chaque jour il en faisait descendre celui qui commande en ces lieux. « Je vais donc aller bientôt rejoindre le cortége des prédestinés! Hélas! s'écriait-il au fond de son cœur, auprès de ces éternels beaux jours, ma vie n'est rien : mais prenez-la, mon Dieu; si je regrette encore quelque chose sur la terre, ce sont les dissensions cruelles entre mes enfants : je mourrais content si je pouvais espérer la fin de cette horrible guerre civile, et si mon sacrifice pouvait terminer tant de malheurs. » Alors, comme l'illustre martyr Etienne, il voyait les cieux s'ouvrir et Jésus à la droite de son père appeler celui qui donnait à son exemple sa vie pour ses brebis; et souvent il répétait ces paroles : « Mon Dieu, je remets mon âme entre vos mains. » Tels furent les célestes entretiens du prélat jusqu'à sa dernière heure.

Vers minuit, le prélat se confesse à son grand-vicaire et demande à recevoir les derniers sacrements : ainsi devrait agir toute âme chrétienne aux approches de la mort; et si l'on vient dire qu'il était évêque : Eh quoi ! parce que vous n'êtes pas ministre de Jésus-Christ, n'avez-vous pas une âme à sauver aussi bien que le prêtre? Faut-il, parce que vous n'êtes pas élevé au sacerdoce, jeter cette âme dans un océan de maux sans rivage? Faut-il, parce que vous n'êtes pas ministre de Jésus-Christ, priver cette âme infortunée des trônes étincelants et des chants éternels de la cité céleste? Vous vivez paisibles au sein de l'irréligion, peut-être au milieu des passions flétrissantes; et l'archevêque, après une vie si belle, malgré son sublime dévouement, parfois songeant qu'à cette heure fatale son sort allait être fixé pour jamais, craignait encore les jugements de Dieu. « Seigneur, disait-il, je ne vous ai pas assez aimé ; je vous ai offensé ; mon Dieu, acceptez le sacrifice de mon sang et de ma vie pour mes péchés et pour le salut de mon cher troupeau. » — « Vous allez avoir, lui dit son pieux archidiacre, la visite du prince des pasteurs ; il va venir vous soulager sur votre lit de souffrances. » L'archevêque renouvelle avec les sentiments les plus vifs sa profession de foi sur la présence réelle, et se plaignant que la douleur de sa cruelle blessure l'empêche de se préparer à la communion, il attend l'arrivée de celui qu'il avait aimé toute sa vie.

Il était beau de voir les martyrs aller puiser dans l'Eucharistie ce courage magnanime pour cueillir la palme de la victoire ; mais ici, spectacle plus attendrissant ! la palme est gagnée, et le martyr attend son maître dans l'Eucharistie pour la recevoir de sa main. En ce moment Jésus, au haut des cieux, s'adresse aux saints Anges : « Princes de la cour céleste, cessez vos chants, déposez vos harpes d'or, et laissez-là vos fêtes ; descendez avec moi dans la première cité des nations ; venez voir les plus brillantes vertus évangéliques refleurir sur la terre; venez voir les scènes d'amour fraternel les plus attendrissantes, et le plus glorieux triomphe jamais vu dans mon Eglise. »

A la voix de leur maître, les chœurs angéliques s'abaissent des hauteurs des cieux, et déjà planent sur la grande ville qu'ils contemplent : « Eh ! que voyons-nous, Seigneur! des épées flamboyantes ; partout des frères respirant la destruction vont les teindre dans le sang de leurs frères ; partout cette florissante cité plongée dans le deuil et les larmes ! » Mais déjà l'époux divin, au milieu de son cortége, a pénétré l'asile du martyr. « Prosternez-vous, leur dit-il, devant le fidèle pasteur qui sut le premier à mon exemple aimer les siens jusqu'à la mort. Et vous, digne serviteur, vous avez semé dans les larmes, bientôt vous moissonnerez dans la joie : le peu de temps qui vous reste sur la terre, venez le passer dans les bras de votre cher maître ; venez reposer sur mon cœur au délicieux festin de l'Eucharistie : encore quelques heures de souffrance, et voyant s'ouvrir devant vous la salle du banquet éternel, vous chanterez au milieu de ma cour : « Heureux ceux qui sont appelés aux noces de l'agneau, » cet hymne de l'amour que vous répéterez aux siècles éternels ; et vous, saints anges, hâtez-vous de retourner vers les immortels, et mettez-en réjouissance toute la Jérusalem céleste pour recevoir le nouveau concitoyen qui vient embellir vos fêtes. »

Le reste de la nuit, ses souffrances devinrent plus vives : « Mon Dieu ! que je souffre, disait-il, *non est dolor sicut dolor meus*, il n'est pas de douleur semblable à ma douleur ; mais que votre volonté soit faite, ô mon Dieu ! » Il disait aux gardes nationaux accourus pour le visiter et rangés autour de sa couche funèbre : « Messieurs, mes souffrances sont cruelles, je vous remercie de votre bienveillance, mais retournez-vous-en, je vous prie, vous seriez scandalisés de me voir ainsi me plaindre ; » puis se retournant vers M. Jacquemet, son grand-vicaire : « Ce que je crains, c'est que, si je meurs, on me donne des louanges que je ne mérite pas, je n'ai fait que mon devoir. » Comme on lui disait que les insurgés, quelque temps après sa chute, avaient cessé le feu, ces paroles étaient pour lui pleines de consolation et de soulagement. « Oh ! mon Dieu, répétait-il, que mon sang soit le dernier versé ! Allez trouver les ouvriers, dites-leur de cesser leurs luttes, de se soumettre au Gouvernement, qu'il aura soin d'eux, que s'il ne peut leur donner de l'ouvrage à Paris, il saura leur en procurer ailleurs. »

Après avoir assisté à l'administration des sacrements, le garde national qui avait porté la palme devant l'archevêque crut devoir retourner vers les siens déguisé en soutane, afin de s'ouvrir un libre passage. Il franchit l'endroit difficile ; arrivé au poste de la Bastille, il s'annonce comme envoyé de l'archevêque, et demande à parler au général Perrot, espérant lui rendre compte de sa belle mission. Le général l'accueille avec bienveillance, puis s'écarte pour donner des ordres ; le jeune homme reste seul sur la place : on le prend pour un homme suspect, on le fouille chez un marchand de vin ; on lui trouve sous sa soutane une blouse ; on retourne ses poches ; elles sont noircies de poudre ; une balle, un débris de cartouche confirment les soupçons d'espionnage ; dès-lors on ne veut plus rien entendre, ni lire le sauf-conduit pour aller chercher le médecin de monseigneur, ni aller au poste de l'Arsenal reconnaître son uniforme qu'il y avait déposé ; mais un groupe de soldats, sans vouloir écouter ce mystérieux personnage offrant un costume bizarre, la soutane et la blouse, avec de secrets débris de cartouche, l'enlève, le presse de toutes parts, lui présente la baïonnette et va l'enfermer au poste, résolu, à l'arrivée des chefs, de le fusiller comme un traître. Ainsi, au lieu des justes éloges que ce jeune homme espérait de la bouche de ses chefs pour sa glorieuse conduite, il attend, abreuvé d'outrages, la triste aurore qui doit être pour lui la dernière. Enfin, aux premiers rayons du jour, notre jeune captif voit arriver un officier : arbitre de ses destinées, va-t-il l'envoyer à la mort ? Le garde national s'explique : cette fois le capitaine l'écoute, le conduit lui-même au poste de l'Arsenal où il retrouve son uniforme et sa liberté. Du reste, Monseigneur n'avait pas oublié celui qui l'avait accompagné avec tant de dévouement et de courage; MM. les grands-vicaires lui remirent, quelques jours après, une magnifique croix en bronze de la part du pontife martyr ; et les dignes ministres qui gouvernent la France l'ont décoré de la croix d'honneur.

Cependant on annonçait depuis deux jours le bombardement du faubourg Saint-Antoine; l'attaque remise au lundi matin vers huit heures, pouvait le couvrir d'un vaste monceau de ruines. On songea donc à reconduire le pontife à l'archevêché pour le soustraire à ces nouvelles et lamentables scènes. Mais un obstacle imprévu arrête son triste cortège : « Vous ne nous enlèverez pas notre bon archevêque, s'écrient les insurgés, il nous portera bonheur ; nous nous ferons plutôt tous tuer que de souffrir qu'on lui fasse du mal. » Impossible de les décider : il fallut donc se résoudre à laisser le prélat mourant prisonnier au milieu de cette place assiégée par les feux, la mitraille et les forces de toute la France.

Depuis deux jours les insurgés avaient perdu peu de terrain : la canonnade qui retentissait au faubourg du Temple dès le commencement de la lutte, inutilement foudroyait une barrière colossale de blocs inébranlables. Les vastes coteaux de Ménilmontant, de Belleville, étaient fortement défendus par les leurs, et le faubourg Saint-Antoine était toujours, malgré les efforts de l'armée, tout entier en leur pouvoir. Encore pleins de confiance, ils allaient peut-être voler triomphants à Vincenne, et sonner l'heure de la délivrance. Mais bientôt le canon se rapproche ; on apprend que le général Lamoricière s'est enfin rendu maître de la terrible barricade, boulevard des insurgés, et qu'il venait les prendre sur les derrières entre deux feux. Les amis du pontife recommencent leurs sollicitations auprès des insurgés, espérant les trouver moins intraitables ; mais plus le péril devenait croissant, plus ils tenaient à conserver le pontife. Ces hommes égarés sentaient au milieu du malheur leur foi se reveiller. Ce bon archevêque adresserait au Ciel pour eux ses prières : il serait un médiateur puissant auprès du vainqueur venant fondre sur eux, et un précieux otage pour obtenir des conditions favorables ; perdre ce prélat, c'était tout perdre, leur dernière ressource. Et vous aussi, Français, vous teniez du fond du cœur au saint archevêque, Français de toutes les classes qui êtes venus repandre des larmes et des fleurs sur sa tombe! Ah ! tenez fortement à la religion qu'il a professée ! La perdre, au milieu de ces violentes secousses qui ébranlent la patrie, c'est tout perdre ! notre dernière ressource ! Les âmes chrétiennes sont les premiers soutiens de la France ; sans cesse elles adressent des vœux pour notre chère patrie; et à leur voix l'Éternel souffle les orages grondant sur la France et les chasse loin de nos parages. La religion seule fait fleurir les vertus sociales ; elle fait éclore cette innocence angélique de mœurs, cette fleur de gloire mise au front du jeune âge : si vous la laissez faner, on s'arrête devant sa tige, découronnée, flétrie, et l'on verse des larmes. Cette aimable franchise originaire des lieux, évitant scrupuleusement de moissonner l'héritage étranger, flétrir la réputation d'un frère, jalouser sa gloire trahir la patrie; cette bonne foi, charme de la vie, sans laquelle règnent partout fraudes, artifices, séductions, et mille secrets désordres, inaccessibles à la puissance des lois, venant miner sourdement les bases de la société. La religion est le soleil des intelligences éclairant les nations : avant elle les peuples ensevelis dans les ombres de la mort, d'un bout à l'autre du globe, adoraient des monstres bizarres. Sans son inexpugnable barrière, déjà le torrent des idées socialistes emporterait la civilisation dans un éternel naufrage : plus de gouvernement, plus de lois, plus de magistrats, plus de villes ni d'habitations, les hommes vivraient en groupes, errant le long des plaines comme les hordes sauvages!

D'après le refus des insurgés sur le transport du prélat, le docteur Cayol, son ami, et d'autres médecins cherchaient à extraire la balle, lorsque la fusillade et l'artillerie reviennent épouvanter la capitale et faire trembler tout le faubourg ; les balles, les projectiles de toute espèce, les éclats d'obus pleuvent sur les toits, dans les cours, le long des rues. Cette fois, se disait-on, le faubourg renversé de fond en comble n'offrira plus que cendres et ruines ! soudain, à cette effroyable tempête succède un morne silence. On frappe à la porte du presbytère : un officier du 42e monte, cherche les insurgés, ouvre une chambre, et aperçoit un archevêque percé de balles. Jamais scènes sur les champs de bataille, jamais scènes aux champs africains n'avaient si vivement impressionné son âme guerrière. Il s'incline respectueusement devant cette illustre victime de nos discordes civiles ; exprime avec attendrissement sa douleur sur la perte que va faire la France.

Désormais les passages étant libres pour emmener l'archevêque, on va chercher un brancard aux Quinze-Vingts : il est encore fraîchement teint du sang des victimes, et peut-être l'un de ceux qui, la nuit dernièrement écoulée, emportaient sur leurs fusils le saint archevêque, venait de descendre pâle et mourant de ce brancard funèbre. On le couvre de linges blancs et l'on y place la grande victime offerte par la religion à la patrie. Les insurgés et les soldats subitement réconciliés par le Christianisme, marchent côte à côte, accompagnent et portent l'un après l'autre l'illustre prélat.

Sorti du presbytère où il avait reçu l'hospitalité, partout sur son passage, les troupes lui rendent les honneurs militaires, la foule l'accompagne de bénédictions : ainsi s'avançait l'archevêque porté comme un holocauste d'agréable odeur. Jadis au milieu des grandes catastrophes, on promenait sur les places publiques les reliques des martyrs pour obtenir la cessation des fleaux ; mais ce qu'on n'avait jamais vu, en ce jour à travers les rues de la capitale, au bruit du canon et de la fusillade, et des maisons qui s'écroulent à la place de la Bastille, on portait un martyr vivant au milieu des populations agenouillées, implorant son assistance, et l'on entendait le prélat répondre : « Seigneur, pardonnez à votre peuple, et que mon sang soit le dernier versé. » Et ce fut sans doute aux prières du pontife, que la grande ville, après s'être vue sur le point d'être renversée pour jamais, revit le calme ce jour même, et se lever sur la France une nouvelle aurore d'espérance. Sèche donc tes larmes, ô ma patrie : jetée sur un océan battu d'orages, un nouvel astre étincelle dans les cieux pour éclairer sur ces flots inconnus ta course vers les bords fortunés.

Il arrive à son hôtel où les prêtres de plusieurs paroisses se rendent en foule pour voir leur pasteur, qui leur adresse encore des paroles de bénédiction ; mais bientôt la nouvelle se répand de tous côtés qu'il restait peu d'espérance; et nous commençâmes tous à regretter la perte qu'allait faire le diocèse de Paris. Le lendemain matin, comme le clergé se rendait en diligence pour avoir de ses nouvelles, partout on venait à notre rencontre : « Comment va l'archevêque? Est-il bien vrai qu'il est mort? » Je ne faisais pas vingt pas sans être arrêté par des officiers, des gardes mobiles, des femmes, des enfants. Je promenais mes regards sur ces valeureux guerriers, qui venaient de sauver la France, sur cette immense population se pressaut à travers les barricades à demi démolies pour voir ces habitations sillonnées de boulets, ces pans de murs emportés çà et là, ces étages supérieurs restés suspendus dans les airs sur quelques restes de piliers ruinés ; tous les visages étaient tristes et mornes ; et au milieu de cette grande désolation j'entendais de toutes parts : « Quelle perte ! ce bon archevêque ! ce martyr ! » et ce malheur semblait dominer tous les autres malheurs.

Arrivé à l'archevêché, je le trouve étendu sur son lit funèbre. Il semblait entrer dans une douce agonie. A la tête de son lit était assis désolé son frère ; des gardes mobiles, nationaux, la plupart à genoux, mêlés aux ecclésiastiques, entouraient le prélat ; partout on voyait couler les larmes. En ce moment, j'aperçois un garde national venir à moi : je le reconnais ; il m'embrasse ; je retrouvais après vingt ans un jeune homme auquel j'avais fait faire la première communion. « C'est moi qui ai porté la palme devant l'archevêque, me dit-il, et qui l'ai relevé lorsqu'il tomba. » Je passai l'après-midi auprès de Monseigneur; il ouvrait de temps en temps les yeux et les portait vers nous sans que nous pussions juger s'il reconnaissait ses enfants. Vers deux heures nous commençames les prières des agonisants; spectacle attendrissant! Prêtres, soldats, officiers, nous nous agenouillâmes autour de lui; tous pleuraient. Mais quand M. Jacquemet voulut prononcer ces paroles : *proficiscere, anima christiana*, les sanglots entrecoupèrent sa voix, et tous nous lui disions : « Hélas! vous allez donc nous quitter, bien-aimé pontife! O vous qui chérissez tant votre troupeau, vous le délaissez pour jamais! Mais partez de ce monde sans rien craindre, ame chrétienne, au nom du Père qui vous créa si grande et magnanime; au nom du Fils qui vous revêtit d'une si haute puissance; au nom du Saint-Esprit qui vous inspira ce dévouement, immortelle illustration de l'église. A votre passage les puissances infernales fuiront saisies d'effroi; le sénat des apôtres dont vous fûtes le digne successeur va s'avancer à votre rencontre, et l'armée des martyrs vous prépare l'habillement céleste blanchi dans le sang de l'agneau. Partez, âme chrétienne, à la tête de ses élus Jésus va remettre entre vos mains la palme du martyre. Les justes que vous avez envoyés avant vous aux cieux vous contemplent sur les balustres de la cité sainte, et vous attendent pour former votre cortège. Votre sang va devenir une semence de prédestinés, et vous verrez, couronnées de gloire, venir à vous de l'Orient et de l'Occident dans la suite des siècles, les âmes sauvées par vos immortels exemples, avec lesquelles vous chanterez l'alléluia éternel le long des rues de la Jérusalem céleste. »

Le lendemain, j'allais avec mon clergé réciter le *De profundis* pour l'âme du prélat. La foule remplissait la rue depuis l'église jusqu'au pont de l'Archevêché et se prolongeait tout le long des quais autour des maisons; on attendait jusqu'à sept et huit heures pour aborder le pontife et faire toucher des objets; dans une seule journée, assure-t-on, il se présenta jusqu'à 100,000 personnes.

Nous arrivons devant le corps du pontife; et, debout à ses pieds, je fus bientôt saisi à la vue de cette illustre victime, immolée pour la France. Autrefois, me disais-je à moi-même, le monde, oubliant la religion, cessa d'aimer Dieu; en n'aimant plus Dieu, on cessa d'aimer ses frères, et, chacun ne cherchant que son intérêt personnel, la société tomba en dissolution. Jésus-Christ vint; donna au monde un magnifique exemple de dévouement; il versa son sang pour les hommes au Golgotha. Ses disciples, marchant sur ses traces, sacrifièrent leurs biens, leur repos, leurs familles, leurs plus chères affections, leur vie même pour le salut des Nations. A la vue de ces sublimes vertus le monde s'ébranle; la religion et l'amour fraternel refleurissent parmi les peuples régénérés, et de beaux jours reparurent sur la terre. Deux mille ans après, les peuples abandonnant de nouveau la religion, et cessant d'aimer Dieu, cessent encore d'aimer leurs frères; l'égoïsme dévore toutes les classes de la société; l'édifice social croule et va s'abîmer dans le gouffre de l'anarchie : le ciel exige encore un grand et illustre exemple d'amour fraternel : l'archevêque de la première cité des nations va répandre son sang aux barricades pour ses frères; et le voilà gisant devant nous sur sa couche funèbre. Il me semblait alors voir le prélat ceint d'une auréole de gloire, se lever tenant en main la palme des martyrs, et nous adresser ces paroles : «Et vous, chers prêtres, que j'ai laissés sur la terre ; venez à ma suite tout sacrifier pour la France. Jésus a demandé mon sang, je l'ai tout versé ; vous aussi, repos, grandeurs, richesses, sacrifiez tout pour elle. Un prêtre désintéressé peut faire un bien immense, c'est le grand secret de regagner les populations à Jésus-Christ. La plus belle richesse d'un prêtre, ce sont les âmes converties et les bénédictions de ses brebis. Ne craignez point l'indigence pour le déclin des ans, vous trouverez des trésors dans le cœur des Français. Offrez pour vos chers enfants votre vie, votre sang, votre âme même, et vous ramènerez à Jésus-Christ les générations égarées et vous verrez la France florissante de vertus redevenir la nation chérie des cieux. »

Cependant les archidiacres avaient prévenu l'Assemblée nationale de la mort de Monseigneur. Les représentants, vivement émus, voulurent que le martyr de la Nation reçût les honneurs de la France, et lui décrétèrent aux frais de l'Etat de magnifiques funérailles fixées au vendredi, 7 juillet.

Dès le matin, la foule se pressait aux abords de l'Archevêché, rue Saint-Louis, et sur toute la ligne que le cortége devait parcourir. Que de tristes funérailles ! Que de deuils publics depuis quelques années ! Mais, parmi tant de solennités funèbres, les obsèques de l'archevêque de Paris ont présenté un caractère qui ne se renouvellera peut-être jamais.

La levée du corps s'est faite à dix heures ; un char à quatre chevaux et fermé par des glaces, avait été préparé pour recevoir les restes du saint prélat ; mais les gardes nationaux se sont disputé l'honneur de le porter à bras et de lui décerner ce triomphe. Le son de toutes les cloches de la capitale vient se mêler aux sons graves et solennels du bourdon de la métropole, le cortége se met en marche, et de plusieurs fenêtres on sème des fleurs sur le passage du martyr.

Bientôt le cortége défile le long de ces larges quais, ombragés de jeunes ormeaux bordant les rives de la Seine, tout Paris s'est associé dans un deuil général ; une foule immense rangée sur les deux côtés s'étendait depuis le pont Marie jusqu'à la place du parvis Notre-Dame, et les maisons jusqu'aux étages supérieurs avaient les fenêtres peuplées de spectateurs. Ce n'était pas une cérémonie de nos jours ; il semblait voir la primitive Église, sortant victorieuse des catacombes, reprendre aux tombes secrètes et aux sables du désert les reliques des saints. La foule silencieuse paraissait réellement touchée et pénétrée d'une religieuse tristesse.

A la tête s'avançaient les dragons sévèrement recueillis ; venaient ensuite les congrégations religieuses d'hommes et de femmes, puis le clergé de Paris et des environs, au nombre de près de mille, marchait sur un double rang, la tête baissée et les yeux humides de larmes, suivi des curés, des chanoines et du chapitre.

Des premiers rangs on voyait flotter dans le lointain au gré des vents, quatre bannières portées par des chanoines, sur lesquelles étaient inscrites les dernières paroles du saint archevêque. Sur la première on lisait avec émotion ce pieux verset : « Seigneur, Seigneur, ayez pitié de votre peuple. » Sur la seconde, les yeux s'arrêtaient sur ces mots si doux et si évangéliques : « Que la paix soit avec vous. » Sur la troisième, l'archevêque avait gravé cette légende funèbre : Que mon sang soit le dernier versé. » Enfin, la quatrième bannière portait ces paroles sublimes : « Le bon Pasteur donne sa vie pour ses brebis. »

De jeunes lévites tenaient entre leurs mains, avec une pieuse modestie, tous les insignes épiscopaux voilés d'un crêpe ; un prêtre s'avançait avec la palme du martyre, un autre avec la branche de chêne, symbole de la paix, et le garde national qui l'avait précédé sur les barricades portait sur un coussin de velours sa croix d'honneur. Puis venaient les grands-vicaires; enfin, sur un lit de parade, soutenu par les gardes nationaux et les gardes mobiles, apparaissait le corps du pontife, revêtu de la robe blanche de l'agneau, la face et les mains découvertes, la mître blanche en tête et les pieds reposant sur des fleurs. Son visage conservait encore un air de sérénité; il semblait dormir du sommeil du juste. Quatre évêques tenaient les cordons d'honneur, derrière le corps se pressaient les représentants du peuple en écharpe tricolore, les groupes de gardes nationaux, une députation de blessés du 24 février avec leurs drapeaux; un escadron de cavalerie fermait la marche. Partout, sur le passage, les troupes échelonnées le long des quais, rangées en bataille à l'Hôtel-de-Ville et sur toutes les places, présentaient religieusement les armes; les tambours battaient aux champs; partout les têtes s'inclinaient et les genoux fléchissaient, le recueillement était profond, les larmes se voyaient dans tous les yeux.

Autrefois à la mort des martyrs, le ciel se chargeait seul de couronner leur triomphe, tandis que les chrétiens s'empressaient d'ensevelir leurs reliques aux catacombes pour les dérober à la profanation des infidèles. En ce jour le ciel et la terre se sont réunis pour célébrer le martyr du XIX^e siècle; et tandis que ses nouveaux concitoyens au séjour éternel viennent lui offrir la couronne immortelle, la capitale s'ébranle et le promène dans une marche triomphale le long de ses rues; les anges chantent sa gloire et la population pleure son pasteur. L'archevêque est mort martyr! tel est le cri que l'on entend dans les rues, sur les places; il est mort, s'écrie-t-on de tous les côtés, il est mort victime de son dévouement évangélique; il est mort en prononçant ces paroles si belles : « Le bon pasteur donne sa vie pour ses brebis. »

Aussi le ciel ne se laissera-t-il pas vaincre en générosité, et le prince des pasteurs pour récompenser les touchants hommages rendus à son ministre fidèle répandra ses bénédictions sur la France.

Il était 11 heures quand le cortége arriva sur la place Notre-Dame; des troupes rangées en bel ordre et commandées par le général Perrot contenaient la multitude empressée, qui, dans un saint enthousiasme pour l'illustre victime, aurait voulu s'approcher de plus près et toucher au moins quelqu'un de ses vêtements. Le martyr est arrivé au seuil de la cathédrale; il s'arrête comme pour redire une dernière fois à toute la ville de Paris ces paroles admirables qu'on voyait flotter sur le haut du portail de la vieille église : « Le bon pasteur donne sa vie pour ses brebis. » Alors le général Perrot descend de son coursier, tire son épée étincelante, l'applique respectueusement sur le martyr, et avec un respect plus profond encore la baise en la remettant dans le fourreau.

Lorsque le corps de Mgr Affre parut sous le porche, porté par les gardes nationaux, les assistants s'empressent de faire passer des bouquets d'immortelles, des livres de prières, des médailles pour les appliquer sur la main du pasteur; c'était un dernier adieu jeté en passant au milieu du silence solennel qui se fit en cet instant.

Aussi modeste dans le triomphe de sa mort qu'aux jours de sa vie épiscopale, il a demandé que ses funérailles soient simples ; le concours de son peuple et les vœux de la multitude en feront donc le principal éclat. Les piliers de l'antique métropole ont disparu sous les voiles funèbres, ornés d'écussons où l'œil mouillé de larmes lit les dernières paroles du prélat martyr. Le corps du saint Pontife est exposé sur un immense catafalque élevé entre le chœur et la nef, et surmonté d'une magnifique couronne d'où s'échappent en flottant de lugubres draperies. Le trône du pontife était voilé d'un crêpe parsemé de larmes d'argent.

Le chœur était rempli par le clergé ; les représentants et les officiers occupaient les deux branches de la croix ; la nef et ses bas côtés étaient envahis par la garde nationale, la garde mobile et des flots de peuple.

La messe fût célébrée par Monseigneur l'évêque de Meaux, suffragant de Paris ; onze autres prélats y assistaient. L'orgue s'est tû pendant toute la cérémonie, et rien n'interrompait le lugubre chant du chœur. Il est impossible de se faire une idée de l'effet que produisit le *Dies iræ*, lorsqu'il retentit à travers l'immense basilique, tantôt gémissant seul par la voix de Dupont, tantôt strident et majestueux par celle du chœur, tantôt enfin faible et plaintif, quand s'élevait dans un lointain infini la voix d'un enfant de chœur.

Bientôt vint l'élévation : et alors vous eussiez vu toutes les troupes, qui remplissaient une partie de l'enceinte sacrée, poser un genou sur le pavé du temple en signe d'adoration : il ne resta plus entre le ciel et la terre que deux victimes : l'une divin exemplaire de la seconde, et celle-ci, humble, mais fidèle imitatrice de celui qui mourut le premier pour son peuple.

Qu'il était beau de voir ces guerriers ainsi prosternés devant l'agneau sans tache ! Nous croyions encore assister à ce touchant spectacle de la place de la Concorde, où la veille, sur un magnifique autel élevé dans les airs, Jésus-Christ venu des cieux, semblait planer sur la foule : les tambours battent aux champs;

et sur cette grande place de la Révolution où d'autres avaient cru abolir le christianisme, sur la première place de l'univers, prêtres, représentants, juges, soldats, généraux, tous courbent le front et proclament Jésus maître du monde. Ah! que nos fêtes seraient belles si nous revoyions régulièrement au jour du Seigneur, peuple, guerriers, magistrats y accourir; alors les anges, comme dit saint Jean Chrysostôme, iraient puiser avec des coupes d'or le sang de Jésus-Christ, et le verseraient comme des flots de bénédictions sur les assistants, sur les familles, sur la France, et bientôt notre chère patrie reverrait de beaux jours.

L'office terminé, Messieurs les curés, suivant le programme, devaient après l'absoute aller jeter de l'eau bénite à notre saint archevêque. Nous sortîmes du chœur sur deux rangs pour aller remplir ce touchant devoir. En même temps les membres de l'Assemblée, descendus de leurs siéges, s'avançaient à nos côtés vers le catafalque; et les premiers, trouvant encore un libre passage, montèrent les degrés pour aller offrir au saint prélat les hommages de la France. Impatients de les suivre, nous nous pressons vers le monument funèbre; mais dejà la foule avait fait irruption vers l'estrade, et prêtres, représentants, officiers, soldats, nous nous trouvâmes pris, froissés dans une masse compacte, formée par un élan impossible à décrire de la foule se disputant l'honneur de vénérer l'illustre victime; scène unique dans les annales de l'Église! scène de confusion à jamais admirable! alors, comme attaché au sol sans pouvoir faire un pas, je promène mes regards aux alentours; près de moi dans l'angle du catafalque était debout, le visage pâle, exténué de douleur, le digne frère du martyr, M. Affre, représentant de la nation : « Pourquoi pleurez-vous, lui disais-je en moi-même? Vous avez un martyr dans votre maison; votre famille à jamais sera les délices de la France, et votre nom ira comme la fumée des parfums embaumer les nations. » Devant moi, un autre député arrachait quelques feuilles à la palme de la victoire, dressée aux côtés du pontife; un officier venait de monter le premier au haut du frêle édifice où reposait l'archevêque : il lève son épée nue aux regards des légions françaises, et la fait reposer sur les restes de la grande victime. A peine il est descendu, que l'on voit au milieu de ce tumulte toujours croissant, s'élever sur les degrés le magnifique étendard de la 11e légion, enrichi d'or et de broderies et flotter au haut du monument ; officiers et soldats avaient enfin rompu la foule ; tous montaient en triomphe vers le martyr : bientôt la bannière abaisse ses voiles triomphales, et les guerriers couvrent entièrement le corps du prélat, comme pour enlever à ses restes des flots de bénédictions, et jurer à l'illustre martyr, en face des grands de la France, que la religion désormais va reposer à l'ombre de leurs étendards. L'officier relève sa bannière, et la couvrant de baisers, « Ah ! mon cher drapeau, s'écrie-t-il maintenant entre nous deux c'est à la vie, à la mort. » Le cortège regagnait ses rangs, suivi de tous les regards, lorsque deux nouveaux drapeaux reparaissent sur l'estrade, avec cette inscription en broderie : « Blessés de février. » Cette multitude innombrable pour la première fois aperçut ces jeunes vainqueurs : sur leur poitrine brille l'étoile de la croix ; les uns abaissent les deux bannières ensemble sur le prélat, tandis que les autres sur deux rangs tiennent de riches cordons à leurs mains. Une explosion de cris se fait entendre ; et les officiers au haut du monument réclament le silence. Que c'était grand ! Tout était renversé dans cet élan religieux ! De jeunes guerriers imposent le silence devant les reliques des martyrs ! et, sans le savoir, à qui l'imposaient-ils, ces religieux héros, qui avaient au milieu de la bataille porté le Christ en triomphe ? C'était aux prêtres vivement alarmés : et moi-même je crie plus haut encore : « Le feu, le feu ! » Ils étaient dans un tel enthousiasme à faire flotter leur double bannière sur les restes du pontife, qu'ils ne voyaient pas 200 flambeaux allumés à l'entour ; et plusieurs fois les franges des bannières vinrent reposer sur l'étincelante couronne de lumières. Si les bannières eussent pris feu, elles eussent communiqué la flamme aux ornements du pontife, à sa soutane empourprée de sang aux barricades ; des cris fussent partis de tout Notre-Dame ; on se fût précipité pour l'éteindre ; mais Jésus voyait avec amour l'attendrissante alliance de ces grandes âmes : un pontife mourant pour sauver la France, et de jeunes guerriers encore teints du sang versé pour elle ; et les flambeaux éclairant le triomphe du martyr, respectèrent l'étendard des héros.

Cependant la foule se presse toujours davantage. En vain les militaires réclament pour MM. les curés, éparpillés dans la foule, l'honneur d'offrir les premiers de l'eau bénite au prélat : loin de songer à nous, de toutes parts on veut arriver au pontife ; on s'élance sur les degrés ; le catafalque tremble ; plus de dix fois nous crûmes qu'il allait s'écrouler avec la multitude qui montait et redescendait les marches. Comme la foule s'était avancée de tous côtés, il n'y avait plus d'issue pour sortir ; ainsi, à mesure que les premiers rangs arrivaient sur l'estrade, les autres les suivaient, en sorte que ceux qui descendaient les degrés venaient sans cesse grossir la foule au bas du catafalque où nous étions étouffés.

Enfin, aidés par les officiers de la garde nationale, nous commençâmes avec grande difficulté à gravir les degrés toujours encombrés, arrêtés par les ailes de nos surplis fortement enlacés dans les bras de trois ou quatre personnes, et tout alarmés en sentant la charpente fléchir sous une telle masse de personnes.

Après avoir rendu mes devoirs à notre bien-aimé pasteur, je lui adressai le dernier adieu bien triste et retournai dans les stalles déposer mes habits de chœur. Mais, avant de me retirer, mes regards se portèrent une dernière fois sur cette auguste assemblée; la garde nationale sortait de la métropole et la foule s'y précipitait à flots par toutes les portes. Quel spectacle offre l'illustre basilique! Le trouble et la confusion s'accroissent de toutes parts; l'estrade est toujours plus vivement envahie; chacun veut monter à la fois; prêtres, soldats, officiers veulent parler pour rétablir l'ordre; leur voix n'est pas écoutée; dans ce religieux tumulte on n'entendait plus que la grande voix de l'archevêque : « Le bon pasteur donne sa vie pour ses brebis. » Les uns ont les larmes aux yeux; les autres veulent être bénis par le pontife; un grand nombre ont le cœur déchiré de ne pouvoir fendre la foule, et tous ont les mains pleines d'objets qu'ils tendent vers l'archevêque.

Une multitude sans nombre, depuis le bas de la métropole jusque vers la grille, s'avance en masse vers l'estrade. A cette vue je m'écrie : « Hélas, que va-t-il arriver? — Eh quoi! me répond un prêtre de mes amis : C'est un beau désordre! — C'est vrai, répondis-je ; quel touchant spectacle! jamais dans l'Eglise rien de pareil! » Comme il ne restait plus que trois ecclésiastiques pour recevoir les objets que la foule voulait faire toucher aux restes du prélat, les militaires eux-mêmes allaient de rang en rang recueillir chapelets et médailles, montaient vers le corps du martyr et les reportaient aux fidèles; et moi, semblable au voyageur qui s'éveille subitement au milieu de sites et de merveilles inconnus s'offrant à ses regards : « Où suis-je donc, m'écriai-je? Est-ce en ma patrie que se passent ces grandes choses?» Je ne reconnaissais plus la France! et puis je croyais assister à ces grandes scènes du moyen-âge quand la foule se disputait les reliques des saints! je m'élance et reviens en habit de chœur au bas de l'estrade. Bientôt de tous côtés je suis assiégé de personnes m'offrant tout à la fois médailles, chapelets, livres, pour les faire *bénir;* c'était l'expression du peuple; nous nous échelonnâmes sur deux rangs: je restai au bas avec les soldats et officiers; nous recevions les objets des fidèles, et nous les passions à un militaire sur la première marche, celui-ci à un autre; ils arrivaient ainsi de main en main aux ecclésiastiques placés près du corps et revenaient dans le même ordre entre nos mains pour les remettre aux fidèles.

Mais qui peut se figurer notre embarras, nous avions souvent des objets bénis à plusieurs personnes à la fois, des médailles d'argent, d'or, des pièces de monnaie; nous étions tellement pressés qu'à peine nous savions qui nous les avait offerts; et, quand nous les voulions rendre, de toutes parts s'élevaient des mains, les unes pour les recevoir, les autres pour nous en présenter de nouveaux à bénir; j'ai conservé longtemps des médailles, des diamants sans pouvoir retrouver leur maître entre mille personnes; ils baisaient avec affection ces souvenirs et s'en retournaient triomphants. Si l'on eût permis d'arriver jusqu'au martyr, il ne serait rien resté de ses ornements; on eût mis ses vêtements en lambeaux, on se les fût arrachés.

Je montai enfin moi-même pour aider à toucher ces précieux souvenirs; il est impossible de peindre le grandiose de cette originale séance : c'est une dame qui s'élance : « Monsieur, je vous en conjure, un peu de la soutane de l'archevêque ; » elle insistait malgré mes remontrances; en descendant les larmes tombaient de ses paupières. C'est un officier supérieur : « M. l'abbé, me dit-il, en me versant plein les mains des médailles d'argent, faites-moi bénir cela, c'est pour les envoyer en province. » Je les fais toucher aux pieds du pontife, et le guerrier descend aussi bouillant de joie qu'au jour où il fut décoré sur le champ de bataille. C'est un homme distingué qui m'aborde et me remet de l'argenterie avec de riches médaillons : « Ah, je vous prie, faites-les toucher à la main droite de l'archevêque, je l'ai baisée le jour de l'Annonciation de la Vierge. »

J'ai vu des officiers, et de l'armée et de la garde nationale, s'avancer l'épée nue à la main, et mettre la poignée dans la main droite du prélat; et nous les entendions redire à leurs compagnons : « Désormais mon arme est sacrée, elle sera invincible. » Nous avons continué près de trois heures à faire toucher ces souvenirs; la valeur de ces objets est incalculable; on voyait des chaînes d'argent, des chaînes d'or, des montres très-riches et des bijoux de toutes sortes. Les objets les plus vulgaires en ce jour, touchés aux saintes reliques, se changeaient en diamants; le modeste prélat bénit l'offrande du pauvre comme celle du riche; de simples ouvriers, une femme âgée, n'ayant rien de mieux à présenter, nous offrirent des couteaux et autres modestes objets formant leur richesse. Ils n'avaient jamais vu de bijoux en leurs chaumières; maintenant ils n'échangeraient pas ces trésors pour de riches pierreries. A côté du corps était dressée la palme, symbole de la victoire; il n'y eut pas moyen de la sauver; chacun la réclame, nous arrachons les feuilles l'une après l'autre; il n'en resta que la tige dépouillée. La branche de chêne, portée devant l'archevêque, reposait à ses pieds sur le haut du catafalque; nous la cachâmes aussi longtemps qu'il fut possible; il fallut enfin la distribuer et la mettre en pièces. J'en avais gardé un rameau que je tenais à la main : aussitôt je fus assiégé de gardes nationaux : « Monsieur, seulement une petite branche; monsieur, seulement une feuille. » Je remets à ces militaires radieux quelques débris de ce rameau souvenir des barricades, qu'ils emportèrent comme des trophées.

Scène de grandeur et de tristesse, qui peut sans attendrissement vous décrire? Au milieu de ceux qui nous pressent de bénir ces touchants souvenirs, j'aperçois une femme éplorée tenant à la main un enfant en bas âge ; ses larmes lui avaient ouvert un passage ; la voyant gravir les degrés, je me disais : «Cet enfant est orphelin; voilà le fruit de nos discordes civiles! des épouses ont perdu leurs époux, des enfants leurs pères, des pères et mères leurs enfants chéris ! pleurez, infortunées victimes! vous ne reverrez plus les objets de votre tendresse. O France ! O ma patrie ! En ce jour, écoute la voix du prélat martyr, et que son sang soit le dernier versé. » Je m'approche de cette femme ; elle était à genoux au milieu de l'estrade : «Qu'avez-vous, pauvre mère, lui dis-je? » Et elle me répond en sanglottant : « Mon mari a été tué ! » Les larmes entrecoupèrent sa voix, puis elle me montre un enfant de 7 ou 8 ans : «Il n'a plus de père ! Ah ! laissez-moi aller prier le saint archevêque de me secourir dans mon affliction. » Je la laisse aborder le pontife ; elle se prosterne avec son enfant à ses pieds et les arrose de ses larmes. Et vous, illustre martyr, vous avez entendu ses soupirs ; vous étiez sur la terre le refuge des infortunés, vous serez aux cieux le protecteur de cette veuve désolée.

Il était près de quatre heures et demie, et tous, soldats, ecclésiastiques, exténués de fatigue, nous songions à nous retirer : mais aussitôt que nous voulions descendre, de toutes parts s'élevaient des mains suppliantes; trois fois je descends vers la porte latérale de N. D., trois fois la foule me barre le passage, et sans autre explication me remplit les mains de petits trésors que je remonte faire bénir. Si nous les refusions, aussitôt les larmes s'échappaient de leurs yeux. Non, je n'oublierai jamais cette journée! il nous semblait que le trône de l'archevêque était placé dans les cieux, et que la population de Paris s'efforçait d'y monter en masse; obligés de s'arrêter au bas de l'échelle sainte, ils tournaient vers nous leurs regards plaintifs, et nous entendions leurs cœurs nous dire : « Ministres du Seigneur, montez, vous âmes privilégiées, montez vers la céleste colline des martyrs et rapportez-nous les bénédictions de notre archevêque ! » Et quand nous remettions entre leurs mains ces trésors bénis, ils les recevaient avec la même allégresse que si nous les eussions apportés des cieux. Non, depuis plus de 1000 ans, l'église n'avait pas vu un si beau triomphe; Jésus, avant d'offrir cette grande scène au monde, avait rassemblé des phalanges de toutes les provinces sous les voûtes de la métropole; retournez, maintenant, heureux guerriers, et redites à la France ce que vous avez vu! et après de longues années, quand on parlera des touchantes funérailles de l'archevêque de Paris, vous répondrez avec fierté : «J'y étais !» Vous redirez à vos petits enfants : «J'ai vu sur une estrade fort élevée des prêtres en habit de chœur, debout devant ses reliques, le sabre et les épées nues à la main! » vous leur redirez comme vous veniez tous à la suite de vos officiers nous remettre votre armure pour la faire toucher au corps du martyr, en sorte que pendant plusieurs heures on vit les épées étinceler sur les restes du pontife. Vous leur raconterez combien le prêtre qui trace ces lignes, paraissait emprunté quand vous lui remettiez ces gros fusils armés de baïonnettes et que vous lui disiez avec inquiétude : «Prenez garde, M. l'abbé, ils sont chargés.» Votre bravoure les illustrera encore ces armes bénies; nous les avons remises entre des mains religieuses et vaillantes; quand vous céderez à d'autres l'honneur de défendre la France, vous aussi, remettez-les entre les mains des braves : mais dès maintenant vous redirez et nous redirons en chœur tous ensemble : « En ce jour le sacerdoce et l'armée ont fait pour sauver la France, une alliance éternelle. »

En terminant ce récit, je dois adresser la parole aux nations étrangères : « Si vous nous reprochez que la France en ces dernières luttes a vu des fautes déplorables, inconnues chez les autres peuples; aussi, vous répondrons-nous, la France offre ces admirables vertus qu'on ne retrouve point chez les autres peuples de la terre. Le prélat qui vient de s'offrir héroïquement en sacrifice pour ses brebis, est un évêque français! ceux qui lui ont rendu de si brillants honneurs sont des Français! et lorsque le ciel, cherchant un nouveau martyr, pour jeter un lustre éternel de gloire sur son Église, vient le choisir en France, il traite la France comme la première des nations. »

Et vous, Français, qui venez de rendre de si touchants hommages au pasteur immolé parmi vous, ah ! venez désormais, venez offrir vos hommages à Jésus, le prince des pasteurs. Pour vous, l'un a quitté son palais et quelques serviteurs ; pour vous, l'autre a délaissé les cieux et la cour des immortels ; pour vous, l'un repose sur ce lit de fusils, mais couvert de bénédictions ; et pour vous, l'autre expire sur le lit de la croix, assailli d'opprobres. Le saint évêque vous offre la paix sur la terre ; et J. C. vous offre les jouissances éternelles de la patrie céleste.

Maintenant, illustre prélat, vos dépouilles mortelles vont disparaître pour jamais. Que votre grande âme, saint pontife, les anime donc encore un instant ! levez-vous au sein de cette immense basilique, parlez une dernière fois à vos enfants assemblés, dites-leur la parole d'adieu.

« O vous tous, enfants chéris du troupeau que le Seigneur daigna me confier, écoutez mes derniers vœux : Vous le savez, je vous ai aimés, et le plus grand témoignage de mon amour, c'est ma propre vie que j'ai sacrifiée sans hésiter dans l'espoir de vous sauver. Eh bien! maintenant, du haut du ciel, aurai-je la douleur de voir mon sacrifice inutile? Le bon pasteur, après avoir versé son sang pour sauver les siens, sera-t-il condamné à les voir périr misérablement, que dis-je! O vous qui êtes mes enfants, après avoir tout fait pour vous réunir un jour à la cité divine, aurais-je le malheur d'être à jamais séparé de vous! Non, je l'espère, il n'en sera pas ainsi; par mon sacrifice uni au sang de l'agneau divin, j'aurai obtenu pour vous du ciel les vertus de religion et de charité qui font la paix, le bonheur des sociétés ici-bas; j'aurai obtenu les vertus qui méritent la récompense éternelle et par lesquelles, un jour, au sein de régions plus heureuses, le troupeau sera pour jamais rendu au pasteur, et le pasteur au troupeau.»

Les dignes représentants de la France, après avoir assisté à ses obsèques, lui votèrent avec enthousiasme un superbe monument sous les voûtes de Notre-Dame. Le célèbre abbé Cœur fit son oraison funèbre au milieu d'une foule immense de fidèles, et le même jour, son cœur fut déposé à la maison des Carmes, établie par son zèle et qu'il avait eu le bonheur de voir à sa naissance déjà florissante de sciences et de vertus.

---

www.ingramcontent.com/pod-product-compliance
Lightning Source LLC
LaVergne TN
LVHW020433230826
846091LV00004B/1475

* 9 7 8 2 0 1 2 4 7 0 5 5 2 *